日本語能力試験

N4 模擬テスト〈2〉

千駄ヶ谷日本語教育研究所 著

スリーエーネットワーク

Published by 3A Corporation.
Trusty Kojimachi Bldg., 2F, 4, Kojimachi 3-Chome, Chiyoda-ku, Tokyo 102-0083, Japan

ISBN978-4-88319-886-3 C0081

First published 2021
Printed in Japan

はじめに

　日本語能力試験対策の模擬テストにつきまして、これまでにN1とN2をそれぞれ〈1〉から〈4〉まで、N3を〈1〉から〈2〉まで出版し、多くの方々にご利用いただき、版を重ねてまいりました。

　近年、日本では外国人材の活躍の機会が広がってきました。こうした中、N4の模擬テストを求める声も多く、それにお応えする形で今回出版することになりました。N4合格を目標とする方はもとより、N3の合格を目指す方々にも学習のプロセスの中で日本語能力を確認し、さらに上のレベルを目指す上で参考にしていただければと思います。

　本書は、試験合格を目指す方々のために、本試験にできるだけ近い形でチャレンジできるように作成しました。ぜひ時間を測って本試験さながらの模擬テストを行ってください。実施後は採点結果を正答数記入表に記入することで弱点を把握し、不得意な問題形式や分野を重点的に補強することができます。

　この本が多くの方々に役立つよう心から期待しています。

　作成にあたっては、スリーエーネットワークの溝口さやかさん、吉本弥生さんに多くの御助言と御尽力をいただきました。心より謝意を表します。

千駄ヶ谷日本語教育研究所

目次

音声CD

・「言語知識（文字・語彙）」試験の指示　　　　トラック1

・「言語知識（文法）・読解」試験の指示　　　　トラック2

・「聴解」試験の指示　　　　トラック3

・「聴解」問題　　　　トラック4～トラック40

・「聴解」試験終了の指示　　　　トラック41

別冊

・問題用紙

　「言語知識（文字・語彙）」

　「言語知識（文法）・読解」

　「聴解」

・解答用紙（巻末。切り取って配付してください。）

模擬試験を実施される方へ

　本書は、本試験に近い形で実施できるようになっています。問題用紙を外し、解答用紙を問題用紙から切り取って、学習者に配付してください。試験時間を守って、本試験のように進めることで学習者は試験形式に慣れ、本試験で戸惑わずに実力を発揮できるでしょう。実施後は、学習者へのフィードバックとして正答数記入表（27ページ）をご活用ください。

　試験前後の学習者へのアドバイスは8ページの「学習者の方へ」を参考にしてください。

　以下のサイトに本書の活用法を紹介した動画、解答用紙、音声CDに収録された音声があります。ご活用ください。

https://www.3anet.co.jp/np/books/3832/

〈模擬試験の手順例〉

○準備

①以下の表を利用して試験実施時間を決める。所要時間は150分。

試験科目			試験実施時間
言語知識（文字・語彙）	試験の指示 （音声CDトラック1）	5分	＿＿＿：＿＿＿　～　＿＿＿：＿＿＿
	模擬試験	25分	＿＿＿：＿＿＿　～　＿＿＿：＿＿＿
休憩		10分	＿＿＿：＿＿＿　～　＿＿＿：＿＿＿
言語知識（文法）・読解	試験の指示 （音声CDトラック2）	5分	＿＿＿：＿＿＿　～　＿＿＿：＿＿＿
	模擬試験	55分	＿＿＿：＿＿＿　～　＿＿＿：＿＿＿
休憩		10分	＿＿＿：＿＿＿　～　＿＿＿：＿＿＿
聴解	試験の指示 （音声CDトラック3）	40分	＿＿＿：＿＿＿　～　＿＿＿：＿＿＿
	模擬試験 （音声CDトラック4～トラック41）		

②問題用紙を外す。

③解答用紙を問題用紙から切り取る。

④試験会場を整える。試験実施時間を掲示する。

⑤時計、CDを流す機器を準備する。

⑥CDを機器にセットする。

○試験時

「言語知識（文字・語彙）」

①問題用紙、解答用紙「言語知識（文字・語彙）」を配付する。

②音声CD「試験の指示」（トラック１）に沿って、問題用紙「言語知識（文字・語彙）」の
表紙と解答用紙の注意の確認、名前の記入、ページ数の確認をさせる。「試験の指示」終
了後、CDを止める。

③時間になったら試験開始を知らせる。

④時間になったら試験終了を知らせる。

⑤解答用紙を回収する。

⑥回収した解答用紙の数と、受験者の数が一致しているか確認する。

「言語知識（文法）・読解」

⑦解答用紙「言語知識（文法）・読解」を配布する。

⑧音声CD「試験の指示」（トラック２）に沿って、問題用紙「言語知識（文法）・読解」
の表紙と解答用紙の注意の確認、名前の記入、ページ数の確認をさせる。「試験の指示」
終了後、CDを止める。

⑨時間になったら試験開始を知らせる。

⑩時間になったら試験終了を知らせる。

⑪解答用紙を回収する。

⑫回収した解答用紙の数と、受験者の数が一致しているか確認する。

「聴解」

⑬解答用紙「聴解」を配付する。

⑭音声CD「試験の指示」（トラック３）に沿って、問題用紙「聴解」の表紙と解答用紙の

注意の確認、名前の記入、ページ数の確認をさせる。

⑮CDを止めず、そのまま「聴解」問題を始める。

⑯CDが終わったら問題用紙と解答用紙を回収する。

⑰回収した問題用紙・解答用紙の数と、受験者の数が一致しているか確認する。

〇試験後

①解答（9 ～ 11ページ）を見て採点する。

②正答数記入表（27ページ）を使って、学習者にフィードバックする。

　ア．分野ごとに正答数を記入する。

　イ．科目ごとに正答数を合計して記入する。

　ウ．科目ごとの正答率を計算して記入する。

　エ．◎・〇・△の欄の数字を見て、ア．で記入した正答数が当てはまる欄にチェック

　　　（✓）を入れる。

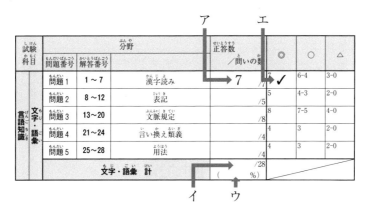

③本書を学習者に返却する。

学習者の方へ

〈試験のとき〉

・各科目にいろいろな形式の問題がありますから、問題文や例をよく読んで何を答えるか よく理解してから問題を解きましょう。

・「言語知識（文字・語彙)」は、試験時間が短いです。時間配分を意識して解きましょう。

・「言語知識（文法)・読解」は、問題数が多いです。分からない問題はあとで解くために 印を付けておいて、まずできる問題から解きましょう。

・解答用紙のマークの塗り方がよくないために、失敗する人もいます。解答用紙の「マー クれい」を見て、よい塗り方で塗ってください。

〈試験のあと〉

・正答数記入表の結果から、自分の弱点を把握してください。

・時間がなくて解けなかった問題を解いてください。

・間違えた問題を解き直してください。

・間違いが多かった分野を特に勉強してください。

・以下のサイトから解答用紙がダウンロードできます。

https://www.3anet.co.jp/np/books/3832/

N4 解答 「げんごちしき（もじ・ごい）」

もんだい1

1	①	②	❸	④
2	❶	②	③	④
3	①	②	❸	④
4	①	②	③	❹
5	①	❷	③	④
6	❶	②	③	④
7	①	②	❸	④

もんだい2

8	①	❷	③	④
9	①	②	❸	④
10	①	②	❸	④
11	❶	②	③	④
12	①	②	❸	④

もんだい3

13	❶	②	③	④
14	①	②	③	❹
15	①	②	❸	④
16	①	❷	③	④
17	①	②	③	❹
18	①	❷	③	④
19	①	❷	③	④
20	❶	②	③	④

もんだい4

21	①	②	❸	④
22	①	❷	③	④
23	①	❷	③	④
24	❶	②	③	④

もんだい5

25	❶	②	③	④
26	①	②	③	❹
27	❶	②	③	④
28	①	②	❸	④

もんだい1

1	①	②	❸	④
2	①	②	③	❹
3	①	❷	③	④
4	❶	②	③	④
5	①	②	❸	④
6	❶	②	③	④
7	①	②	❸	④
8	①	❷	③	④
9	①	❷	③	④
10	①	❷	③	④
11	①	②	③	❹
12	①	②	③	❹
13	❶	②	③	④

もんだい2

14	①	②	❸	④
15	❶	②	③	④
16	①	②	❸	④
17	①	❷	③	④

もんだい3

18	①	②	③	④
19	❶	②	❸	④
20	①	②	③	❹
21	①	❷	③	④

もんだい4

22	①	②	③	❹
23	①	②	③	❹
24	❶	②	③	④

もんだい5

25	①	❷	③	④
26	❶	②	③	❹
27	❶	②	③	④

もんだい6

28	①	②	❸	④
29	①	②	❸	④

N4 解答 「ちょうかい」

もんだい1

れい	①	②	③	●
1	❶	②	③	④
2	①	❷	③	④
3	❶	②	③	④
4	①	②	❸	④
5	①	❷	③	④
6	①	❷	③	④
7	①	❷	③	④
8	①	❷	③	④

もんだい2

れい	①	②	③	●
1	①	②	❸	④
2	①	❷	③	④
3	❶	②	③	④
4	①	❷	③	④
5	①	②	❸	④
6	①	❷	③	④
7	①	❷	③	④

もんだい3

れい	①	●	③
1	①	②	❸
2	❶	②	③
3	①	②	❸
4	①	❷	③
5	①	❷	③

もんだい4

れい	①	②	●
1	❶	②	③
2	❶	②	③
3	①	②	❸
4	①	❷	③
5	①	②	❸
6	①	❷	③
7	❶	②	③
8	①	❷	③

「聴解」問題スクリプト

（M：男性　F：女性）

問題1　　　トラック4

　問題1では、まず質問を聞いてください。それから話を聞いて、問題用紙の1から4の中から、いちばんいいものを一つ選んでください。では、練習しましょう。

例　　　トラック5

うちで女の人と男の人が話しています。男の人はお皿を何枚取りますか。

F：これから、お客様が来るから、棚の上にあるお皿を取ってくれない？
M：1枚でいい？
F：私たち二人のも取ってくれる？
M：じゃ、3枚だね。
F：うん。あ、大きいお皿も1枚お願い。
M：分かった。

男の人はお皿を何枚取りますか。

いちばんいいものは4番です。解答用紙の問題1の例のところを見てください。いちばんいいものは4番ですから、答えはこのように書きます。
では、始めます。

電話で男の学生と女の学生が話しています。女の学生は何を買いますか。

M：もしもし、今、どこにいるの？

F：大学の売店にいるよ。ノート買ってから教室に行くよ。

M：ちょうどよかった。売店でお昼、買ってきてもらってもいいかな。

F：いいよ。何がいい？

M：コーヒーとおにぎりをお願いしてもいい？

F：分かった。じゃ、私もパンとコーヒーを買おう。

M：あ、ごめん。今、友達がお昼、買ってきてくれたよ。

F：分かった。じゃ、私のだけでいいね。

M：うん、そうだね。

女の学生は何を買いますか。

2番　トラック7

うちで女の人と男の人が話しています。男の人はこのあとすぐ何をしますか。

F：田中さんたちが来るまであと10分だ。急いで準備しよう。

M：そうだね。

F：あ、飲み物を冷蔵庫に入れておくのを忘れた。入れておいてくれない？

M：飲み物なら、入れておいたよ。でも、ビールしかないんだけど、いいかな？

F：え、ジュースとかお茶、なかった？　そうしたら、買ってきてくれない？

M：分かった。

F：その間にお皿を並べておくね。

M：ありがとう。そういえばピザが来ないね。

F：どうしたんだろうね。ちょっと電話してみるね。

男の人はこのあとすぐ何をしますか。

3番　トラック8

美術館の人が話しています。英語で説明を聞きたい人は何時にどこへ行きますか。

F：丘の上美術館にようこそ。絵を見ながら、この絵を描いた人はどんな人なのか、どうしてこの絵が描かれたのか、説明を聞いてみませんか。日本語、中国語、英語、韓国語で説明します。日本語で説明を聞きたい人は午前11時に美術館の受付前に来てください。中国語で説明を聞きたい人は午前10時に入口前に、それ以外の言葉で説明を聞きたい人は午前10時に受付前に集まってください。

英語で説明を聞きたい人は何時にどこへ行きますか。

4番　トラック9

電話で男の人と女の人が話しています。女の人は新しい会社案内をどこに置きますか。

M：もしもし。営業部の山本です。この前見せた新しい会社案内を机の上に置いておいてくれないかな？　今、外に出ていて会社にいないんだ。

F：はい、分かりました。山本さんの席、3人の席のほうの窓側ですよね。

M：明日から新しい人が来るから、席を変えたんだよ。今は窓側じゃないんだ。その反対側だよ。そこに置いておいて。

F：はい、分かりました。

女の人は新しい会社案内をどこに置きますか。

5番　トラック10

先生がスピーチ大会の説明をしています。スピーチ大会に出る学生は会場でまず何をしますか。

M：明日は日本語のスピーチ大会です。たくさんの方が皆さんのスピーチを聞きに来ます。皆さんは9時に会場に行ってください。最初に、放送室で説明があるので、そちらに行ってください。あ、その前に、荷物を会場の2階にある部屋に置いていってください。そのあと、ステージで最後の練習をします。それが終わったら、始まるまで会場の自分の席に座って待っていてください。

スピーチ大会に出る学生は会場でまず何をしますか。

6番　　　トラック11

男の人と女の人が話しています。男の人は妻に何をあげることにしましたか。

M：もうすぐ妻の誕生日なんですけど、何をあげたらいいか、迷っていて……。

F：よく使うものをプレゼントするのはどうですか。かばんとか洋服とか……。

M：そうですね。あ、仕事に着ていく服がほしいと言っていました。

F：それがいいんじゃないですか。ほかには、写真館へ行って家族で撮った写真も、私だったら
　　うれしいですね。

M：それもよさそうですね。

F：あ、それより、お子さんと手紙を書いて、ほしいと言っていたものといっしょにプレゼント
　　したら？

M：ああ、それがいいですね。そうします。ありがとうございました。

男の人は妻に何をあげることにしましたか。

7番　　　トラック12

会社で女の人と男の人が話しています。男の人はいつまでに資料を作らなければなりませんか。

F：会議の資料、作ってもらえますか。

M：はい。19日の会議に間に合えばいいですよね。

F：そうですね。14日ぐらいまでに作ればいいですよ。

M：今日は8日ですね。来週、月曜日から水曜日まで出張でいないので、14日までに作るのは難
　　しいです。

F：そうですか。16日金曜日には会議の準備を終わらせたいんです。作ってくれた資料を見てお
　　きたいから、その前の日までにお願いできますか。

M：はい、分かりました。

F：お願いします。

男の人はいつまでに資料を作らなければなりませんか。

8番　　トラック13

男の人と女の人が話しています。男の人はどこへ行きますか。

M：実は今度の日曜日、鈴木さんと初めてデートするんだけど、どこへ行くか悩んでいて……。

F：そうなんだ。

M：映画館で映画を見たあと、ご飯を食べようかなと考えているんだけど……。

F：それより、初めてのデートだから、二人で遊べるところのほうがいいんじゃない？　ご飯は
　　いいと思うけど……。

M：そっか。遊園地とか？

F：遊園地もいいけど、もし乗り物に乗るために長い時間並ぶことになったら、疲れて楽しめな
　　くなると思うよ。公園はどう？　公園でテニスをしたり、ボールで遊んだりして体を動かす
　　と、二人で楽しめるんじゃないかな。

M：鈴木さん、スポーツが好きだと言っていたから、いいね。

F：体を動かしたあとだと、ご飯がおいしくていいんじゃない？

M：そうだね。そうするよ。

男の人はどこへ行きますか。

　問題2では、まず質問を聞いてください。そのあと、問題用紙を見てください。読む時間があります。それから話を聞いて、問題用紙の1から4の中から、いちばんいいものを一つ選んでください。では、練習しましょう。

れい
例　　　トラック15

男の人と女の人が話しています。女の人はどうしてサッカーを見に行きませんか。

M：今日、どうしていっしょにサッカーを見に行かないの？　具合でも悪いの？

F：ううん、元気だよ。

M：サッカー、あまり好きじゃないの？

F：そんなことないよ。好きだよ。でも、今日の場所、家から遠いから……。ほかに予定はないんだけど……。

M：そうか。たしかに遠いね。

F：うん。

女の人はどうしてサッカーを見に行きませんか。

いちばんいいものは3番です。解答用紙の問題2の例のところを見てください。いちばんいいものは3番ですから、答えはこのように書きます。
では、始めます。

学校で男の学生と女の学生が話しています。女の学生はどこでアルバイトをしていますか。女の学生です。

M：今日はこれからアルバイトなんだ。

F：そうなんだ。佐藤君は、コンビニでアルバイトしているんだよね。

M：うん。コンビニでもしているけど、今日は喫茶店のアルバイトだよ。

F：へえ、喫茶店でもしているんだね。アルバイト、どう？

M：お客さんもいっしょに働いている人も、優しいからいいよ。前田さんは、どう？

F：お店の人はいいけど、レストランは夜遅くまで働くことが多いから、辞めようかと思っていて……。

M：そうなんだ。次のアルバイトは何をするか決めているの？

F：うん。パン屋のアルバイトをしてみようと思っているよ。

M：そうなんだ。

女の学生はどこでアルバイトをしていますか。

ホテルの受付で食事の案内を聞いています。朝、日本料理は、何階で食べられますか。

F：では、お食事について、レストランのご説明をします。晩ご飯は6時から、3階の「桜」では日本料理、4階の「富士」では、中華料理などを自由にお召し上がりいただけます。朝ご飯は7時から、こちら1階入口の横にある「春」で、パンやコーヒーなどをご用意しております。日本料理でしたら一つ上の階の「梅」へいらしてください。

朝、日本料理は、何階で食べられますか。

3番　　トラック18

テレビでアナウンサーが女の留学生に質問しています。女の留学生は日本へ来て、どんなことがいちばんよかったと言っていますか。

M：アインさんが日本へ来てよかったことは何ですか。

F：日本で生活できたことです。子どものころから来たかったんです。

M：日本へ来るのが夢だったんですね。

F：はい、そうです。初めは、知っている人がだれもいなくて寂しかったんですが、日本語が話せるようになるとどんどん楽しくなってきました。友達もたくさんできました。

M：よかったですね。

F：はい。日本の大学で経済について勉強することもできました。あ、そう思うと日本語ができるようになったことがいちばんよかったことですね。

M：そうですか。これからもがんばってください。

F：はい。ありがとうございます。

女の留学生は日本へ来て、どんなことがいちばんよかったと言っていますか。

4番　　トラック19

ラジオを聞いています。明後日の天気はどうなると言っていますか。

M：昨日は1日中雨でしたが、今日は1日、よく晴れて、暖かくなりましたね。しかし、この天気は続きません。明日、16日の朝は曇りで、お昼ごろから雨が降ります。雨は17日の朝まで続きますが、お昼ごろから晴れるでしょう。今日は暖かくなりましたが、明日、明後日は寒くなりますから、風邪をひかないように気を付けましょう。

明後日の天気はどうなると言っていますか。

5番　　トラック20

女の人と男の人が話しています。男の人は昨日、何をしたと言っていますか。

F：森さん、腕、どうかしたんですか。

M：うん、ちょっと痛くて……。

F：昨日、お子さんと野球でもしたんですか。

M：昨日は息子は練習に行っていたよ。僕はうちにいたんだ。

F：そういえば、前に、本棚を作ったとき、手をけがしましたよね。

M：ああ、そうだったね。昨日はその棚を白く塗っていたんだ。

F：そうなんですか。

M：うん。でも、ずっと腕を動かしていたから、痛くなったよ。

F：大変でしたね。一人で塗ったんですか。

M：うん。妻は部屋を片付けていたから。ちょっと手伝ってもらえばよかったな。

男の人は昨日、何をしたと言っていますか。

6番　　トラック21

女の人と男の人が話しています。男の人は森中町はどんな町だと言っていますか。

F：山田さんは森中町に住んでいるんだよね。

M：そうですけど。

F：実は今度、引っ越そうか考えているんだけど、住みやすい？

M：そうですね。お店はそれほど多くありませんが、駅前にスーパーやコンビニがあるので便利です。

F：そうなんだ。ジョギングができそうな大きな公園はある？

M：公園はありませんが、川の近くを走っている人をよく見ますよ。

F：川の近くか。気持ちよさそうでいいね。町は静か？

M：夜は静かですよ。春は町がにぎやかになります。桜のきれいな場所がたくさんあって、それを見に来る人が多いんです。

F：そうなんだ。

男の人は森中町はどんな町だと言っていますか。

20

7番　　トラック22

会社で女の人と男の人が話しています。男の人はどうして昨日、あまり寝られなかったと言っていますか。

F：もうすぐ会議の時間だね。大丈夫？　疲れているみたいだけど。

M：昨日の夜、あまり寝られなかったんだ。

F：会議のことを考えていたの？

M：ううん。ずっと息子の世話をしていたんだ。

F：息子さん、具合でも悪かったの？

M：いや、息子じゃなくて妻がね。だから、昨日は、僕が一人で……。

F：そうだったんだ。息子さん、泣いたりしたの？

M：泣かなかったけど、ずっと遊んでいて、寝るまですごく時間がかかったよ。

F：そう。それは大変だったね。

男の人はどうして昨日、あまり寝られなかったと言っていますか。

ここで、ちょっと休みましょう。（音楽）では、また続けます。　　トラック23

21

　問題3では、絵を見ながら質問を聞いてください。矢印の人は何と言いますか。1から3の中から、いちばんいいものを一つ選んでください。では、練習しましょう。

例　　　トラック25

今から寝ます。何と言いますか。

M：1．お元気で。

　　2．おやすみなさい。

　　3．ごちそうさまでした。

いちばんいいものは2番です。解答用紙の問題3の例のところを見てください。いちばんいいものは2番ですから、答えはこのように書きます。
では、始めます。

1番　　　トラック26

友達の家に入ります。何と言いますか。

M：1．失礼しました。

　　2．あ、いらっしゃい。

　　3．おじゃまします。

2番　　　トラック27

頼まれていた資料を部長のところへ持っていきました。何と言いますか。

F：1．資料、お持ちしました。

　　2．資料、持ってきてさしあげました。

　　3．資料、お持ちになりました。

3番　　トラック28

夜、いっしょに食事に行きたいです。女の人に何と言いますか。

M：1．今晩、食事に行ってもいいですか。

　　2．今晩、食事に行ったらどうですか。

　　3．今晩、食事に行きませんか。

4番　　トラック29

友達が持っている荷物が重そうです。何と言いますか。

M：1．荷物、持って。

　　2．荷物、持とうか。

　　3．荷物、持たない？

5番　　トラック30

この料理が食べたいです。でも、自分で作れません。お母さんに何と言いますか。

M：1．この料理、作ってほしい？

　　2．この料理、作ってもらえる？

　　3．この料理、作ってあげる？

問題4では、絵などがありません。まず文を聞いてください。それから、その返事を聞いて、1から3の中から、いちばんいいものを一つ選んでください。では、練習しましょう。

例　　　トラック32

Ｆ：いつも何時にバスに乗りますか。

Ｍ：1．はい、いつもバスに乗ります。
　　2．1時間ぐらい乗ります。
　　3．7時半です。

いちばんいいものは3番です。解答用紙の問題4の例のところを見てください。いちばんいいものは3番ですから、答えはこのように書きます。
では、始めます。

1番　　　トラック33
Ｍ：あのう、今の話をもう一度説明してくださいませんか。

Ｆ：1．ええ、もちろんいいですよ。
　　2．はい、もう一度お願いします。
　　3．ありがとうございます。

2番　　　トラック34
Ｍ：すみません、こちらのパンフレット、いただいてもいいですか。

Ｆ：1．ええ、かまいませんよ。
　　2．ええ、いただきます。
　　3．ええ、どういたしまして。

3番　　トラック35

M：課長、明日の3時はご都合いかがでしょうか。

F：1．ええ、会議は3時からです。
　　2．ええ、都合がありますよ。
　　3．ええ、特に予定はありません。

4番　　トラック36

M：新しくできたレストラン、行ってみた？

F：1．うん、行ってみよう。
　　2．まだ。もう行った？
　　3．じゃあ、連れていくね。

5番　　トラック37

F：木村くん、この資料、20枚コピーしておいて。

M：1．はい、こちらこそ失礼しました。
　　2．はい、よろしくお願いします。
　　3．はい、かしこまりました。

6番　　トラック38

F：こんな夜遅くに大声で騒いだら、隣の家の人に怒られるよ。

M：1．そうだったの？　大変だったね。
　　2．そうだね。気を付ける。
　　3．ううん、怒らないで。

7番　　　トラック39

M：ハンさん、具合が悪いなら先生を呼びましょうか。

F：1．すみません、お願いします。
　　2．先生は悪くないですよ。
　　3．では、呼びますね。

8番　　　トラック40

M：エレベーターは混んでいるから、エスカレーターで行かない？

F：1．うん、行かないよ。
　　2．うん、そうしようか。
　　3．うん、行くのはどう？

正答数記入表 _{せいとうすう き にゅうひょう}

名 前 _{な まえ}	

◎：よくできています。　　○：続けて勉強しましょう。　　△：もっと勉強しましょう。

試験科目		分野			正答数／問いの数		◎	○	△
		問題番号	解答番号						
言語知識	文字・語彙	問題1	1〜7	漢字読み		/7	7	6-4	3-0
		問題2	8〜12	表記		/5	5	4-3	2-0
		問題3	13〜20	文脈規定		/8	8	7-5	4-0
		問題4	21〜24	言い換え類義		/4	4	3	2-0
		問題5	25〜28	用法		/4	4	3	2-0
		文字・語彙 計			(%)	/28			
言語知識・読解	文法	問題1	1〜13	文の文法1（文法形式の判断）		/13	13-12	11-8	7-0
		問題2	14〜17	文の文法2（文の組み立て）		/4	4	3	2-0
		問題3	18〜21	文章の文法		/4	4	3	2-0
		文法 計			(%)	/21			
	読解	問題4	22〜24	内容理解（短文）		/3	3	2	1-0
		問題5	25〜27	内容理解（中文）		/3	3	2	1-0
		問題6	28〜29	情報検索		/2	2	1	0
		読解 計			(%)	/8			
聴解		問題1	1〜8	課題理解		/8	8	7-5	4-0
		問題2	1〜7	ポイント理解		/7	7	6-4	3-0
		問題3	1〜5	発話表現		/5	5	4-3	2-0
		問題4	1〜8	即時応答		/8	8	7-5	4-0
		聴解 計			(%)	/28			

著者
千駄ヶ谷日本語教育研究所（せんだがやにほんごきょういくけんきゅうじょ）

イラスト
広野りお

表紙デザイン
岡本健＋

日本語能力試験Ｎ４　模擬テスト〈２〉

2021年3月22日　初版第1刷発行

著　者　千駄ヶ谷日本語教育研究所
発行者　藤嵜政子
発　行　株式会社スリーエーネットワーク
　　　　〒102-0083　東京都千代田区麹町3丁目4番
　　　　　　　　　　トラスティ麹町ビル2F
　　　　電話　営業　03（5275）2722
　　　　　　　編集　03（5275）2725
　　　　https://www.3anet.co.jp/
印　刷　萩原印刷株式会社

もんだいようし

Language Knowledge

（Vocabulary）

N4

げんごちしき （もじ・ごい）

（25ふん）

ちゅうい
Notes

1. しけんが　はじまるまで、この　もんだいようしを　あけないで　ください。

   Do not open this question booklet until the test begins.

2. この　もんだいようしを　もって　かえる　ことは　できません。

   Do not take this question booklet with you after the test.

3. じゅけんばんごうと　なまえを　したの　らんと　かいとうようしに　かいて　ください。

   Write your examinee registration number and name clearly in each box below and on the answer sheet.

4. この　もんだいようしは、ぜんぶで　9ページ　あります。

   This question booklet has 9 pages.

5. もんだいには　かいとうばんごうの　1 、 2 、 3 …が　あります。かいとうは、かいとうようしに　ある　おなじ　ばんごうの　ところに　マークして　ください。

   One of the row numbers 1 , 2 , 3 … is given for each question. Mark your answer in the same row of the answer sheet.

じゅけんばんごう　Examinee Registration Number	

なまえ　Name	

もんだい1 ＿＿＿の　ことばは　ひらがなで　どう　かきますか。
　　　　　1・2・3・4から　いちばん　いい　ものを　ひとつ　えらんで
　　　　　ください。

（れい）　今月は　しごとが　いそがしいです。
　　　　1　いまげつ　　2　いまつき　　3　こんげつ　　4　こんつき

　　　（かいとうようし）　（れい）　① ② ● ④

1　テレビで　台風の　ニュースを　見ました。
　　　1　だいふう　　2　だいふ　　　3　たいふう　　4　たいふ

2　いえの　ちかくに　車の　工場が　あります。
　　　1　こうじょう　　2　こじょう　　3　こうじょ　　4　こじょ

3　この　へやは　暗いです。
　　　1　あつい　　　2　さむい　　　3　せまい　　　4　くらい

4　大学で　日本の　れきしの　研究を　して　います。
　　　1　けんぎゅ　　2　けんぎゅう　　3　けんきゅ　　4　けんきゅう

5　この　声は　たなかさんですね。
　　　1　おと　　　　2　こえ　　　　3　うた　　　　4　はなし

6　にもつを　運んで　ください。
　　　1　はこんで　　2　えらんで　　3　つつんで　　4　たのんで

7　じこで　顔に　けがを　しました。
　　　1　くび　　　　2　あたま　　　3　かお　　　　4　はな

もんだい2 ＿＿＿の ことばは どう かきますか。1・2・3・4から
いちばん いい ものを ひとつ えらんで ください。

（れい） その かどを みぎへ まがって ください。

　　　1　合　　　　　2　右　　　　　3　石　　　　　4　左

　　　（かいとうようし）　｜（れい）｜ ① ● ③ ④ ｜

　8　川の むこうに りょかんが たくさん あります。
　　　1　族館　　　　2　旅館　　　　3　族官　　　　4　旅官

　9　あの 店は よる 10時まで あいて います。
　　　1　関いて　　　2　閉いて　　　3　間いて　　　4　開いて

　10　えきいんに つぎの でんしゃの じかんを 聞きました。
　　　1　駒員　　　2　駒買　　　3　駅員　　　4　駅買

　11　この へやには 外の ひかりが 入りません。
　　　1　光　　　　2　火　　　　3　日　　　　4　明

　12　この まちは、こうつうが ふべんです。
　　　1　交道　　　2　校道　　　3　交通　　　4　校通

もんだい3　（　　　）に　なにを　いれますか。1・2・3・4から　いちばん
　　　　いい　ものを　ひとつ　えらんで　ください。

（れい）　新しい　くつを　（　　　）。

　　　　1　きます　　　　2　はきます　　　3　します　　　4　かぶります

　　　　　（かいとうようし）　（れい）　① ● ③ ④

13　なつやすみに　国へ　かえるので、ひこうきの　チケットを
　　　（　　　）しました。
　　　1　よやく　　　　　2　やくそく　　　3　けいかく　　　4　よてい

14　友だちの　ノートを　なくして　しまったので、友だちに　（　　　）。
　　　1　おこりました　　　　　　　　　　2　こたえました
　　　3　こまりました　　　　　　　　　　4　あやまりました

15　つぎに　日本へ　あそびに　行く　とき、うみが　見える　ホテルに
　　　（　　　）。
　　　1　つとめます　　　　　　　　　　　2　すみます
　　　3　とまります　　　　　　　　　　　4　ひっこします

16　トムさんは　びじゅつの　先生で、えが　とても　（　　　）です。
　　　1　うれしい　　　2　うまい　　　　3　ただしい　　　4　めずらしい

17　まいあさ　こうえんを　はしる　ことが　わたしの　（　　　）になって
　　　います。
　　　1　きぶん　　　　　2　きょうそう　　3　きょうみ　　　4　しゅうかん

18　Ａ「えいがが　はじまるまで　15分ですね。」

　　Ｂ「そうですね。（　　　）　行きましょうか。」

　　1　このごろ　　　　2　さっき　　　　3　そろそろ　　　　4　しばらく

19　高校の　先生を　けっこんしきに　（　　　）しました。

　　1　しょうかい　　　2　しょうたい　　　3　そうだん　　　　4　あいさつ

20　これは、いたい　ところに　ぬる　（　　　）の　くすりです。

　　1　タイプ　　　　　2　パート　　　　　3　かんけい　　　　4　ぐあい

もんだい4　＿＿＿の　ぶんと　だいたい　おなじ　いみの　ぶんが　あります。
　　　　1・2・3・4から　いちばん　いい　ものを　ひとつ　えらんで
　　　　ください。

(れい)　けさ　しょくじを　しませんでした。

　　　1　けさ　かおを　あらいませんでした。

　　　2　けさ　はを　みがきませんでした。

　　　3　けさ　さんぽを　しませんでした。

　　　4　けさ　ごはんを　たべませんでした。

　　(かいとうようし)　　(れい)　①　②　③　●

21　こうえんで　こどもが　さわいで　います。

　　　1　こうえんで　こどもが　あそんで　います。

　　　2　こうえんで　こどもが　あつまって　います。

　　　3　こうえんで　こどもが　うるさく　して　います。

　　　4　こうえんで　こどもが　きたなく　して　います。

22　午後、ふくしゅうしました。

　　　1　午後、しけんに　出る　ことを　べんきょうしました。

　　　2　午後、ならった　ことを　もういちど　べんきょうしました。

　　　3　午後、あした　ならう　ことを　べんきょうしました。

　　　4　午後、あした　ならう　ことを　先生に　聞きました。

23 　2だいの　車の　スピードを　くらべました。

　　1　2だいの　車の　ねだんを　くらべました。

　　2　2だいの　車の　はやさを　くらべました。

　　3　2だいの　車の　かたちを　くらべました。

　　4　2だいの　車の　おもさを　くらべました。

24 　デパートで　しょくりょうひんを　うって　います。

　　1　デパートで　食べものを　うって　います。

　　2　デパートで　本を　うって　います。

　　3　デパートで　かばんを　うって　います。

　　4　デパートで　ふくを　うって　います。

もんだい5　つぎの　ことばの　つかいかたで　いちばん　いい　ものを
　　　　　　1・2・3・4から　ひとつ　えらんで　ください。

（れい）　からい

　　　1　この　はこは　とても　からいです。

　　　2　コーヒーは　からいので　飲みません。

　　　3　アルバイトが　いそがしくて　からいです。

　　　4　この　店の　カレーは　からいです。

　　　（かいとうようし）　｜（れい）｜①②③●

25　よる

　　　1　いえへ　かえる　とちゅう、スーパーに　よりました。

　　　2　少しずつ　あたたかく　なって　はるが　よって　きました。

　　　3　この　学校には　せかい中から　学生が　よって　います。

　　　4　今日の　わたしの　くつと　シンさんの　くつは　よって　います。

26　つごう

　　　1　電車が　おくれて、つごうの　時間に　まにあいませんでした。

　　　2　今年の　なつやすみは、何も　つごうが　なくて、ひまです。

　　　3　今日の　じゅぎょうは、日本人と　話す　いい　つごうに　なりました。

　　　4　その　日は　つごうが　わるいので、べつの　日に　して　ください。

27 とどける

1 この かびんを もりさんの うちに とどけて ください。

2 つかった ものは たなの 上に とどけて ください。

3 しょくじ中、前に すわって いる 父に しおを とどけました。

4 けさ、わたしは つまを 車で 会社へ とどけました。

28 こしょう

1 コップを おとして こしょうしました。

2 ナイフで ゆびを こしょうしました。

3 車が こしょうして、うごかなく なりました。

4 本が こしょうしたので、なおしました。

このページには問題が印刷されていません。

問題用紙

もんだいようし

Language Knowledge（Grammar）・
　Reading

日本語能力試験N4　模擬テスト〈2〉

スリーエーネットワーク

N4

言語知識（文法）・読解

げんごちしき　ぶんぽう　　　どっかい

（55分）

ふん

文法・読解

注　意
ちゅうい

Notes

1. 試験が始まるまで、この問題用紙を開けないでください。
   しけん　はじ　　　　　　　　　　もんだいようし　　あ

   Do not open this question booklet until the test begins.

2. この問題用紙を持って帰ることはできません。
   もんだいようし　　も　　　かえ

   Do not take this question booklet with you after the test.

3. 受験番号と名前を下の欄と解答用紙に書いてください。
   じゅけんばんごう　なまえ　した　らん　かいとうようし　か

   Write your examinee registration number and name clearly in each box below and on the answer sheet.

4. この問題用紙は、全部で15ページあります。
   もんだいようし　　　　ぜんぶ

   This question booklet has 15 pages.

5. 問題には解答番号の　1　、　2　、　3　…があります。解答は、
   もんだい　　かいとうばんごう　　　　　　　　　　　　　　　　　　　　　かいとう
   解答用紙にある同じ番号のところにマークしてください。
   かいとうようし　　　おな　ばんごう

   One of the row numbers 1, 2, 3 … is given for each question. Mark your answer in the same row of the answer sheet.

受験番号 Examinee Registration Number	

じゅけんばんごう

名　前　Name	

な　まえ

もんだい1 （　　　）に 何を 入れますか。1・2・3・4から いちばん
　　　　　いい ものを 一つ えらんで ください。

(例) これは 私 （　　　） かさです。

　　1　が　　　　　2　の　　　　　3　を　　　　　4　に

(解答用紙)　　　(例)　①　●　③　④

1　この 飛行機の 食事は、肉か 魚 （　　　） が えらべます。

　　1　も　　　　　2　で　　　　　3　か　　　　　4　の

2　私は どんなに （　　　） 毎日 日本語の 勉強を して います。

　　1　いそがしくなければ　　　　　2　いそがしいから
　　3　いそがしいのに　　　　　　　4　いそがしくても

3　4か月前に 日本へ 来ましたが、日本人の 友達は まだ 一人 （　　　）
いません。

　　1　ばかり　　　2　しか　　　3　など　　　4　ぐらい

4　田中「今日は かさが ひつようでしょうか。」
　　リン「ええ。これから 雨が （　　　） よ。」

　　1　ふるそうです　　　　　　　2　ふるように なります
　　3　ふろうと します　　　　　4　ふって います

5　林さんは アメリカの 大学に 入学する （　　　） 英語を 勉強して
います。

　　1　なら　　　　2　と　　　　3　ために　　　4　ように

6 今日は 学校が 休みだと いう ことを （　　　） わすれて いて、学校へ 行きました。

1　すっかり　　　2　ほとんど　　　3　ぜんぜん　　　4　だいたい

7 母 「9時に 家を 出るから、（　　　） 支度してね。」

子ども 「うん、わかった。」

1　それほど　　　2　それなのに　　　3　それまでに　　　4　それまで

8 山田「雨に ふられて、服が ぬれて しまいました。」

田中「（　　　） して いると、かぜを ひくかもしれませんよ。」

1　ぬれたままに　　　　　　　　　2　ぬれそうに

3　ぬれようと　　　　　　　　　　4　ぬれやすく

9 授業が 始まる 時間を すぎて いますが、先生が （　　　） 来ません。

1　もうすぐ　　　2　なかなか　　　3　やっと　　　4　あまり

10 木村「山下部長の おくさん、入院していると 聞いたんですが……。」

古川「ええ。でも 今週、退院する （　　　） ですよ。」

1　ほうが いい　　　　　　　　　2　らしい

3　こと　　　　　　　　　　　　4　つもり

11 私は、親が 子どもの 将来を 決めるのではなく、子どもに （　　　）と 思って います。

1　決めて みたい　　　　　　　　2　決めさせられたい

3　決めて あげたい　　　　　　　4　決めさせたい

12 学生「この パソコン、使いたいんですが……。」

先生「ええ、いいですよ。(　　　)、パソコンを けして ください。」

学生「はい、わかりました。」

1 使いわすれたら　　　　　　2 使い始めたら

3 使いつづけたら　　　　　　4 使い終わったら

13 田口「え、トイレットペーパー、そんなに 買うんですか。」

山田「ええ。いつ 大きい 地震が 起きるか わからないので、家に

(　　　)んです。」

田口「なるほど。」

1 おいて おく ことに した　　2 おいて ある ことに した

3 おいて おく ことに なる　　4 おいて ある ことに なる

もんだい2 ___★___ に 入る ものは どれですか。1・2・3・4から
いちばん いい ものを 一つ えらんで ください。

これ ____ ____ ★ ____ です。

1 の　　　　2 は　　　　3 かばん　　　4 私

（答え方）

1. 正しい 文を 作ります。

これ _____ _____ __★____ _____ です。
2 は　　　4 私　　　1 の　　　3 かばん

2. ___★___に 入る 番号を 黒く 塗ります。

（解答用紙）　（例）　● ② ③ ④

---

14 先月 ____ ★ ____ ____ に また 行きたいと 思って
います。

1 店　　　　　　　　　2 おいしかった

3 行った　　　　　　　4 カレーが

15 私は 最近、朝ご飯を ____ ★ ____ ____ ことが
多いです。

1 食べずに　　2 行く　　　3 家で　　　4 学校へ

16 私は、＿＿＿＿ ＿＿＿＿ ★ ＿＿＿＿ いつも 持って います。

    1 手紙を   2 外国に いる

    3 くれた   4 祖父が

17 テストの ときは 先生の 説明を ＿＿＿＿ ★ ＿＿＿＿ ＿＿＿＿

ください。

    1 ように して   2 から

    3 よく 聞いて   4 始める

文法・読解

もんだい3 **18** から **21** に 何を 入れますか。文章の 意味を 考えて、
1・2・3・4から いちばん いい ものを 一つ えらんで
ください。

下の 文章は、留学生の 作文です。

日本語の 勉強

オウ　リン

　私は 半年前に 日本へ 来ました。日本へ 来たばかりの ころは
日本語が 全然 話せませんでした。**18**、最近、少し 話せるように
なりました。

　私は いつも **19** 日本語が 上手に なるか 考えて、勉強して
います。例えば、日本人の 友達と 話します。そして、話の 意味が
わからない ときは、その 友達に 教えて **20**。また、新しい 言葉
を 勉強したら、話す ときや、夜、日記を 書く とき、なるべく 使
います。

　そして、いちばん 大切な ことは、毎日 勉強する ことだと 思い
ます。だから、これからも 毎日 日本語の 勉強を **21**。

18

    1 でも   2 または   3 たとえば   4 それに

19

    1 どうして   2 どんな

    3 どうすれば   4 どこで　したら

20

    1 聞きます   2 あげます   3 くれます   4 もらいます

21

    1 する　ようです   2 する　つもりです

    3 しましょう   4 して　ください

もんだい4　つぎの (1) から (3) の文章を読んで、質問に答えてください。答えは、
　　　　　1・2・3・4から、いちばんいいものを一つえらんでください。

(1)

これは、店長の大川さんからチャンさんに届いたメールです。

═══

チャンさん

あしたのアルバイトの時間のことで、相談があります。

今日、西山さんがアルバイト中に具合が悪くなって、早退しました。

熱があるので、あしたは休むそうです。

チャンさんのあしたのアルバイトは16時からですが、12時から来ることは

できますか。

このメールを読んだら、今日中に返事をください。

よろしくお願いします。

大川

═══

22　このメールを読んで、チャンさんは何を知らせなければなりませんか。

　1　今日ではなく、あしたアルバイトができるかどうか

　2　あしたではなく、今日アルバイトができるかどうか

　3　今日、予定より早くアルバイトに行けるかどうか

　4　あした、予定より早くアルバイトに行けるかどうか

(2)

　去年、台風が来たとき、近くの川の水がだんだん増えてきました。夕方「町が危険なので学校に集まってください」という放送が聞こえたので、私は学校へ水と食べものを持っていきました。学校にはたくさんの人が集まっていました。夜遅くに台風が行ってしまうと、まだ川の水が多いのに、周りの人たちはどんどん家に帰っていきました。それを見て、私はおどろきました。私は次の朝、川の水が減ってから帰りました。

23 「私」がおどろいたことは何ですか。

　　1　近くの川の水がだんだん増えたこと
　　2　学校にたくさんの人が集まったこと
　　3　夜遅くに台風が行ってしまったこと
　　4　夜、周りの人が家に帰ったこと

(3)

　私の祖父は一人で住んでいます。毎晩近くのお店で夕飯を食べているので、私
は「たまには自分で作ってみたらどう？」と聞きました。祖父は「店には近所の人
がたくさん来るんだ。みんなで話しながら食べるのは楽しいし、一人で食べるより
おいしいと思うんだ。」と言いました。祖父が毎晩食事に行っているのは、ご飯を
作りたくないからだと思っていましたが、違いました。久しぶりに祖父の家でいっ
しょに食事をしようと思いました。

24 「私の祖父」はどうして毎晩近くのお店で食べていますか。

　　1　ほかの人とご飯を食べると楽しいから

　　2　近所の店の食事がおいしいから

　　3　自分でご飯を作りたくないから

　　4　「私」が食事に来なくてさびしいから

　本書を無断で複写複製（コピー）することは著作権法上での例外を除き、禁じられています。

このページには問題が印刷されていません。

もんだい5　つぎの文章を読んで、質問に答えてください。答えは、1・2・3・4から、いちばんいいものを一つえらんでください。

　私の家族は海と山の両方に近い町に住んでいます。私も高校生のときまで家族といっしょにその町に住んでいました。冬は雪が多くて静かな町ですが、夏は多くの人がこの町に来て海や山で遊びます。人口が少ない町ですが、夏はどこもにぎやかになります。

　夏は海で大きい花火が上がります。花火は、山の上からも砂浜からも見られますが、私の家族は、毎年、父の友達のお店の屋上で家族みんなで見ています。

　私は今、別の町に住んでいて、家族と花火が見られません。しかし、去年母から、「テレビで町の花火が放送されるよ。」と連絡が来ました。私は①その日、食事を用意して始まる時間を待ちました。始まるとすぐに私は母に電話しました。家族はいつもと同じ場所で花火を見ていました。私はテレビで見ていましたが、同じ日、同じ時間に家族と話しながら花火を見られて、うれしかったです。

　今年もテレビで放送されるので、②このように家族と同じ時間をいっしょに楽しみたいです。

25 高校まで住んでいた町はどんな町ですか。

1　海と山に近くて、冬は人がたくさんいる町

2　海と山に近くて、冬は雪がたくさん降る町

3　海と山に近くて、夏は人がたくさん住んでいる町

4　海と山に近くて、いつも人がたくさん来る町

26 ①その日とありますが、いつのことですか。

1　家族と花火を見に行く日

2　一人で花火を見に行く日

3　母と花火の放送を見る日

4　町の花火が放送される日

27 ②このようにとありますが、「私」はどのようにしますか。

1　別の場所にいるが、家族と話しながら同じ花火を見る

2　昔のように家族といっしょに花火を見に行く

3　別の場所にいるが、家族とテレビで放送する花火を見る

4　家族といっしょに食事を作りながら花火を見る

もんだい6　右のページのお知らせを見て、下の質問に答えてください。答えは、
　　　　　1・2・3・4から、いちばんいいものを一つえらんでください。

28　今日は5月13日です。リンさんは経済学部の説明を聞きたいですが、土曜
　　日は1日中、日曜日は午後に予定があります。説明が聞けるのは、どの大学で
　　すか。
　　　1　黒川大学
　　　2　白岩大学
　　　3　緑田大学
　　　4　青木大学

29　今日は5月14日です。ジョさんは大学で何を勉強するか、まだ決めていな
　　いので、いくつかの学部の説明を聞きたいです。予約はまだしていません。日
　　曜日は1日中アルバイトがあります。ジョさんが選べるのは、どれですか。
　　　1　①と②と③
　　　2　①と②と⑥
　　　3　①と③と⑥
　　　4　②と③と⑥

大学説明会のお知らせ

文化センターで5月15日（金）から 5月18日（月）に大学説明会を行います。

大学の説明を聞きに来ませんか。予約が必要な大学もあります。

説明会の途中で帰ってもいいです。

	大学	月・日 場所	学部・時間		予約
①	赤屋大学	5月15日（金） 中ホール	社会学部	14時〜16時	必要 なし
②	黄川大学	5月15日（金） 小ホール	外国語学部	14時〜16時	必要 （2日前まで）
③	黒川大学	5月16日（土） 大ホール	経済学部	9時〜11時	必要
			外国語学部	13時〜15時	（前の日まで）
④	白岩大学	5月17日（日） 中ホール	社会学部	13時〜15時	必要
			経済学部	16時〜18時	（3日前まで）
⑤	緑田大学	5月17日（日） 大ホール	経済学部	9時〜11時	必要
			国際学部	12時〜14時	なし
⑥	青木大学	5月18日（月） 中ホール	経営学部	13時〜15時	必要
			教育学部	16時〜18時	（前の日まで）

予約：文化センター　大学説明会係　012-333-4444

N4

ちょうかい
聴解

ふん
（35分）

聴解

ちゅう　い
注　意
Notes

1. しけん はじ　　　　　　　　　もんだいようし　あ
　試験が始まるまで、この問題用紙を開けないでください。
　Do not open this question booklet until the test begins.

2. もんだいようし　も　　かえ
　この問題用紙を持って帰ることはできません。
　Do not take this question booklet with you after the test.

3. じゅけんばんごう　なまえ　した　らん　かいとうようし　か
　受験番号と名前を下の欄と解答用紙に書いてください。
　Write your examinee registration number and name clearly in each box below and on the answer sheet.

4. もんだいようし　　　　ぜんぶ
　この問題用紙は、全部で17ページあります。
　This question booklet has 17 pages.

5. もんだいようし
　この問題用紙にメモをとってもいいです。
　You may make notes in this question booklet.

じゅけんばんごう 受験番号 Examinee Registration Number	

な まえ 名 前 Name	

もんだい１

　もんだい１では、まず　しつもんを　聞いて　ください。それから　話を
聞いて、もんだいようしの　１から４の　中から、いちばん　いい　ものを　一つ
えらんで　ください。

れい

　　　1　　1まい
　　　2　　2まい
　　　3　　3まい
　　　4　　4まい

聴解

1ばん

ア

イ

ウ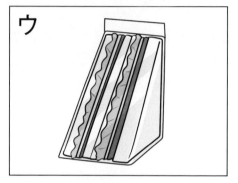

エ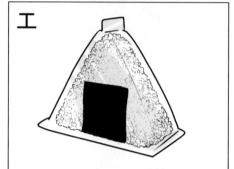

1　ア　イ　ウ

2　ア　イ　エ

3　イ　ウ

4　ウ　エ

2 ばん

3 ばん

1 午前10時に　うけつけの　前へ
2 午前10時に　入口の　前へ
3 午前11時に　うけつけの　前へ
4 午前11時に　入口の　前へ

4 ばん

5 ばん

1 ほうそうしつで せつめいを きく

2 2かいの へやに にもつを おく

3 ステージで れんしゅうを する

4 かいじょうの せきに すわって まつ

6 ばん

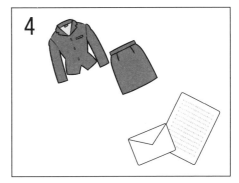

7 ばん

8 ばん

1　ア　イ

2　ア　ウ　エ

3　イ　ウ　エ

4　イ　エ

もんだい2

　もんだい2では、まず　しつもんを　聞いて　ください。そのあと、もんだいようしを　見て　ください。読む　時間が　あります。それから　話を　聞いて、もんだいようしの　1から4の　中から、いちばん　いい　ものを　一つ　えらんで　ください。

れい

1　ぐあいが　わるいから

2　サッカーが　すきじゃないから

3　ばしょが　いえから　とおいから

4　よていが　あるから

1ばん

1　コンビニ

2　きっさてん

3　レストラン

4　パンや

2ばん

1　1かい

2　2かい

3　3がい

4　4かい

3 ばん

1 日本の せいかつを けいけんできた こと
2 日本語が じょうずに なった こと
3 友だちが たくさん できた こと
4 けいざいについて べんきょうできた こと

4 ばん

1 あさは 雨だが あとで はれる
2 あさは くもりだが あとで 雨が ふる
3 1日中 雨が ふる
4 1日中 はれる

5 ばん

1 やきゅうの　れんしゅうを　した
2 ほんだなを　つくった
3 たなを　ぬった
4 へやを　かたづけた

6 ばん

1 お店（みせ）が　多（おお）い　まち
2 大（おお）きな　こうえんが　ある　まち
3 いつも　にぎやかな　まち
4 さくらが　多（おお）い　まち

7 ばん

1 かいぎの　ことを　かんがえて　いたから
2 子どもの　せわを　して　いたから
3 ぐあいが　わるかったから
4 子どもが　ないたから

もんだい3

　もんだい3では、えを　見ながら　しつもんを　聞いて　ください。
➡（やじるし）の　人は　何と　言いますか。1から3の　中から、いちばん
いい　ものを　一つ　えらんで　ください。

れい

1 ばん

2 ばん

3ばん

4ばん

5 ばん

もんだい4

　もんだい4では、えなどが　ありません。まず　ぶんを　聞^きいて　ください。
それから、そのへんじを　聞^きいて、1から3の　中^{なか}から、いちばん　いい　ものを
一^{ひと}つ　えらんで　ください。

― メモ ―

このページには問題が印刷されていません。

にほんごのうりょくしけん
N4 「げんごちしき（もじ・ごい）」かいとうようし

じゅけんばんごう
Examinee Registration Number

なまえ
Name

（ちゅうい　Notes）

1. くろいえんぴつ (HB、No.2) でかいてください。
   (ペンやボールペンではかかないでください。)
   (Do not use any kind of pen.)

2. かきなおすときは、けしゴムできれいにけして
   ください。
   Erase any unintended marks completely.

3. きたなくしたり、おったりしないでください。
   Do not soil or bend this sheet.

4. マークれい　Marking Examples

よいれい Correct Example	わるいれい Incorrect Examples
●	⊘ ⊖ ◉ ⊛ ⦷ ◑ ◐

もんだい1

1	①	②	③	④
2	①	②	③	④
3	①	②	③	④
4	①	②	③	④
5	①	②	③	④
6	①	②	③	④
7	①	②	③	④

もんだい2

8	①	②	③	④
9	①	②	③	④
10	①	②	③	④
11	①	②	③	④
12	①	②	③	④

もんだい3

13	①	②	③	④
14	①	②	③	④
15	①	②	③	④
16	①	②	③	④
17	①	②	③	④
18	①	②	③	④
19	①	②	③	④
20	①	②	③	④

もんだい4

21	①	②	③	④
22	①	②	③	④
23	①	②	③	④
24	①	②	③	④

もんだい5

25	①	②	③	④
26	①	②	③	④
27	①	②	③	④
28	①	②	③	④

以下のサイトから解答用紙がダウンロードできます。
https://www.3anet.co.jp/np/books/3832/

にほんごのうりょくしけん
N4 「げんごちしき（ぶんぽう）・どっかい」かいとうようし

じゅけんばんごう
Examinee Registration
Number

なまえ
Name

〈ちゅうい Notes〉

1. くろいえんぴつ（HB、No.2）でかいてください。
Use a black medium soft (HB or No.2) pencil.
（ペンやボールペンではかかないでください。）
(Do not use any kind of pen.)

2. かきなおすときは、けしゴムできれいにけしてください。
Erase any unintended marks completely.

3. きたなくしたり、おったりしないでください。
Do not soil or bend this sheet.

4. マークれい Marking Examples

よいれい Correct Example	わるいれい Incorrect Examples
●	⊘ ⊗ ◯ ◑ ● ◓

もんだい1

1	①	②	③	④
2	①	②	③	④
3	①	②	③	④
4	①	②	③	④
5	①	②	③	④
6	①	②	③	④
7	①	②	③	④
8	①	②	③	④
9	①	②	③	④
10	①	②	③	④
11	①	②	③	④
12	①	②	③	④
13	①	②	③	④

もんだい2

14	①	②	③	④
15	①	②	③	④
16	①	②	③	④
17	①	②	③	④

もんだい3

18	①	②	③	④
19	①	②	③	④
20	①	②	③	④
21	①	②	③	④

もんだい4

22	①	②	③	④
23	①	②	③	④
24	①	②	③	④

もんだい5

25	①	②	③	④
26	①	②	③	④
27	①	②	③	④

もんだい6

28	①	②	③	④
29	①	②	③	④

以下のサイトから解答用紙がダウンロードできます。
https://www.3anet.co.jp/np/books/3832/

にほんごのうりょくしけん
N4 「ちょうかい」 かいとうようし

じゅけんばんごう Examinee Registration Number	

なまえ Name	

〈ちゅうい Notes〉

1. くろいえんぴつ (HB、No.2) でかいてください。
   Use a black medium soft (HB or No.2) pencil.
   (ペンやボールペンではかかないでください。)
   (Do not use any kind of pen.)

2. かきなおすときは、けしゴムできれいにけして
   ください。
   Erase any unintended marks completely.

3. きたなくしたり、おったりしないでください。
   Do not soil or bend this sheet.

4. マークれい Marking Examples

よいれい Correct Example	わるいれい Incorrect Examples
●	⊘ ⊗ ⦸ ⊕ ⦵ ◐ ◑

もんだい1

れい	①	②	●	④
1	①	②	③	④
2	①	②	③	④
3	①	②	③	④
4	①	②	③	④
5	①	②	③	④
6	①	②	③	④
7	①	②	③	④
8	①	②	③	④

もんだい2

れい	①	●	③	④
1	①	②	③	④
2	①	②	③	④
3	①	②	③	④
4	①	②	③	④
5	①	②	③	④
6	①	②	③	④
7	①	②	③	④

もんだい3

れい	①	●	③
1	①	②	③
2	①	②	③
3	①	②	③
4	①	②	③
5	①	②	③

もんだい4

れい	①	②	●
1	①	②	③
2	①	②	③
3	①	②	③
4	①	②	③
5	①	②	③
6	①	②	③
7	①	②	③
8	①	②	③